零基础围棋入门

弈招围棋　夏知非　著

人民邮电出版社

北　京

图书在版编目（CIP）数据

零基础围棋入门 / 弈招围棋，夏知非著. — 北京：人民邮电出版社，2023.9
ISBN 978-7-115-62166-5

Ⅰ. ①零… Ⅱ. ①弈… ②夏… Ⅲ. ①围棋－基本知识 Ⅳ. ①G891.3

中国国家版本馆CIP数据核字(2023)第120421号

免责声明

作者和出版商都已尽可能确保本书技术上的准确性以及合理性，并特别声明，不会承担由于使用本出版物中的材料而遭受的任何损伤所直接或间接产生的与个人或团体相关的一切责任、损失或风险。

内容提要

本书采用"棋图 + 讲解"的方式，对围棋基础入门知识进行了细致、系统的讲解，包括围棋规则、气、禁入点、死棋和活棋、死亡线、双打吃、枷吃、基础对杀和胜负计算等初学围棋必会的 20 个重要知识点，并设置了相应的难度适宜的练习题，方便读者巩固学习。

本书适合围棋初学者自学使用。

- ◆ 著　　　　弈招围棋　夏知非
  责任编辑　裴　倩
  责任印制　彭志环
- ◆ 人民邮电出版社出版发行　　北京市丰台区成寿寺路 11 号
  邮编　100164　电子邮件　315@ptpress.com.cn
  网址　https://www.ptpress.com.cn
  涿州市般润文化传播有限公司印刷
- ◆ 开本：880×12130　1/32
  印张：3.875　　　　　　　　2023 年 9 月第 1 版
  字数：105 千字　　　　　　　2025 年 11 月河北第 4 次印刷

定价：19.90 元

读者服务热线：(010)81055296　印装质量热线：(010)81055316
反盗版热线：(010)81055315

序

2014年夏季的一天，我突然接到好友夏知非的邀请，说是围棋TV（现弈招围棋）要录一个围棋启蒙的节目，名字叫《20天从零学会下围棋》。节目组计划在节目的最后一天邀请我与一位初学者进行对弈，给初学者用实战完整演示一次一盘棋的进程，用来作为节目的收官之战，听到这里，我已经开始有点期待这盘棋了。

对手是一个在弈城网上18k的初学者。在夏老师的指导下，我赢得了成为职业棋手以来最轻松的一盘对局。说它轻松并不是在蔑视初学者的棋力，而是因为对局时能不时看到自己当初学棋时的影子，过去的种种画面仿佛就在眼前。局后，夏老师问我有什么感想，我说："学习围棋就应该是一件轻松、愉快的事呀。"

我很高兴能为这本由《20天从零学会下围棋》改编而来的书作序。《零基础围棋入门》对视频中的知识点加以提炼与补充，采用"棋图＋讲解"的呈现方式，讲解包括围棋规则、气、禁入点、死棋和活棋、死亡线、双打吃、枷吃、基础对杀、胜负计算等初学围棋必会的20个知识点。这些知识点并不是随意地堆砌在一起的，而是以符合初学者学习围棋时的认知过程为初衷设置的，每个知识点背后都提供了相应的练习题，以便初学者趁热打铁，更牢固地掌握书中的知识点。此外，书中还有对要点的总结、对难点的解释，专业又全面，相信初学者可以通过这本书轻松愉快地步入围棋的世界。

随着AlphaGo的出现，围棋的世界又变得开阔了很多。作为职业棋手，普及推广围棋，让这个黑白世界热热闹闹，是我义不容辞的责任。希望大家通过阅读这本书，能喜欢上围棋这项古老的游戏，从读者变为棋友。

围棋世界冠军

前　言

　　围棋是一项传承了几千年的游戏。作为中国古代四艺之一，围棋在被冠以智慧、高雅之名的同时也令很多人对其敬而远之。但围棋本应是一项让大家学而用之、学而乐之、学而爱之的游戏。

　　随着现代科技的飞速发展，围棋人工智能也以惊人的速度崛起，全球瞩目的"人机大战"在让人惊叹科技发展之快的同时，更是把围棋推到了全世界人们的眼前，使围棋这项游戏受到了前所未有的关注，令原本的局外人一个个摩拳擦掌、跃跃欲试，想要学棋的人与日俱增。

　　很多初学者在学棋时都怀有很高的热情和很大的期望，但苦于无人教授，或困于繁多的围棋书籍之中，不知从何入手。久而久之，学棋的热情被磨灭后，便又对围棋敬而远之。这对围棋和学棋者来说都是一大损失。带领徘徊在外的初学者进入围棋世界是我们的责任，也是我们的荣幸。

　　一切都是刚刚好。当我邀请夏知非老师制作一档面向初学者的围棋启蒙节目时，夏老师欣然应允，马上带着自己初学围棋时的热情投入到节目的制作中。历时数月，《20天从零学会下围棋》终于以视频形式与初学者见面，为众多初学者开启了围棋的大门。该节目播出后，引起了热烈的反响，并广受好评。为了让更多的初学者领略围棋的魅力，我们对视频内容进行了精心的提炼与补充，在2019年以图书的形式，即《每天5分钟！20天零基础学围棋（视频学习版）》和大家见面。在三年后，我们又对这本书进行了修订和改版，以更好地满足读者的学习需求。根据内容特点，我们将这本书的书名起为《零基础围棋入门》。

　　希望所有还在围棋门外徘徊的朋友，能通过这本新书了解围棋的基本知识与技巧，体会到围棋的益处与乐趣，走进围棋的世界。

弈招围棋联合创始人

目　录

Lesson

1

第一课

什么是围棋

　　两个人下围棋，需要一副棋具。一副棋具包括一盒黑子、一盒白子和一副棋盘。执黑者先下，执白者后下，一人一着，交替而行。

围棋盘

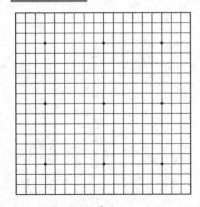

图 1

棋盘上的名称

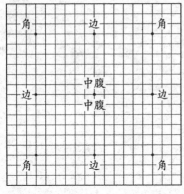

图 2

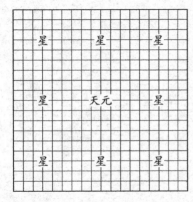

图 3

● 图 1

如图 1 所示，围棋盘由 19 条横线和 19 条竖线交叉构成。棋盘一般由木材制成，也有纸制的、塑料的，当然自制也是可以的。

● 图 2

棋盘上共有 4 个角，分别是左上角、右上角、左下角、右下角。

棋盘上共有 4 条边，分别是上边、下边、左边、右边。

中间的地方称之为"中腹"，俗称"肚子"。

● 图 3

棋盘上的点叫"星"，正中间的星称"天元"。

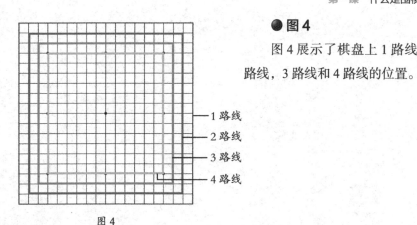

图 4

●图4

图4展示了棋盘上1路线，2路线，3路线和4路线的位置。

棋子

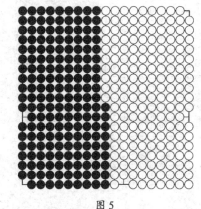

图 5

●图5

为了能顺利完成对局，通常是黑棋子有181个，白棋子有180个，共361个棋子（但是，一般用不到那么多棋子）。黑棋有181个子，奇数，象征阳；白棋有180个子，偶数，象征阴。

谁占领或围住的交叉点多，就容易取胜，这就是围棋"围"的概念了。棋子围住的交叉点就是它的空（地盘），也叫作"目"。图5中黑棋围了2目，白棋围了3目。

Lesson

2

围棋的气

在围棋里，气是棋子的基本生存条件。
那么棋子的"气"在什么地方呢？

气的概念

与棋子相邻有小短线的地方，就是棋子的"气"。

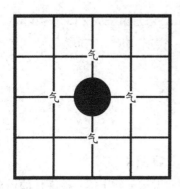

图1

● 图1

黑棋有4口气（棋子气的计量单位是"口"）。

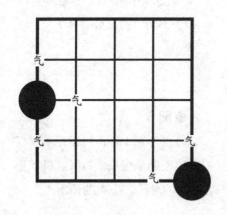

图2

● 图2

棋子在1路线上的时候，因为靠近棋盘外，所以气会变少。在边上的那颗棋子有3口气，角上的棋子有2口气。

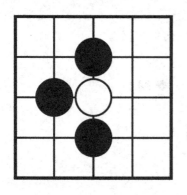

图 3

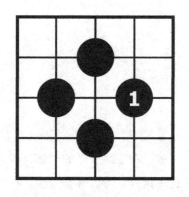

图 4

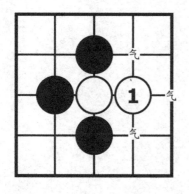

图 5

● 图 3

目前白棋只有 1 口气，处于被"打吃"状态。

> 将对方棋子从 2 口气减少成 1 口气叫作"打吃"。

● 图 4

黑棋下在 1 位，被围住的白棋处于无气状态，根据围棋规则，白棋需要被拿掉。

> 将对方棋子从 1 口气减少为无气叫作"提"或"提子"。

● 图 5

白棋下在 1 位，可以把 1 口气的白棋连起来变成 3 口气。棋子连在一起的时候，气是共用的。

气的练习题

请在黑棋的气上画"×"。

①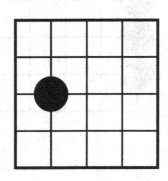

②

③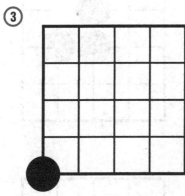

④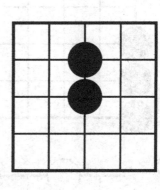

⑤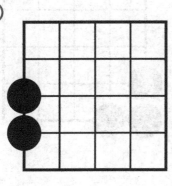

⑥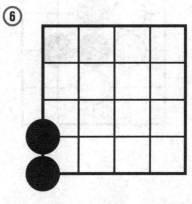

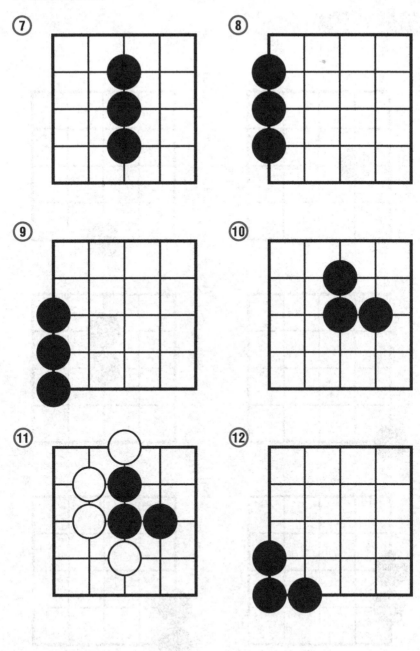

Lesson

3

第三课
禁入点

下棋的时候，大多数地方都可以随便下，只是存在效果好坏的问题。但是，根据围棋规则，有一些地方是不允许下棋的，比如棋盘的横线上、竖线上、方格里，还有我们今天要讲的禁入点。

禁入点的概念

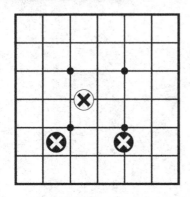

图 1

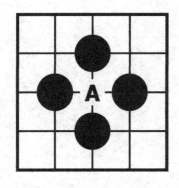

图 2

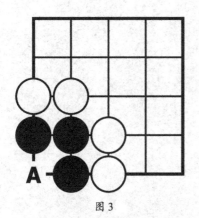

图 3

● 图 1

棋盘的横线上、竖线上、方格里是不能落子的。棋子要下在交叉点上。

● 图 2

A 位就是白棋的禁入点。

原因如下。

1. 把白棋放在 A 位，白棋没有任何一口气。

2. 不能吃掉周围任何一颗对方的棋子。

所以，A 位是白棋的禁入点。

● 图 3

A 位是不是禁入点呢？

对于白棋来说不是禁入点。因为白棋虽然放进去呈无气状态，但是可以吃掉周围 3 颗黑棋。所以，A 位不是白棋的禁入点。

对于黑棋来说则是禁入点。因为黑棋放进去呈无气状态，且无法吃掉周围棋子。所以，A 位是黑棋的禁入点。

禁入点练习题

A 位是不是黑棋的禁入点？

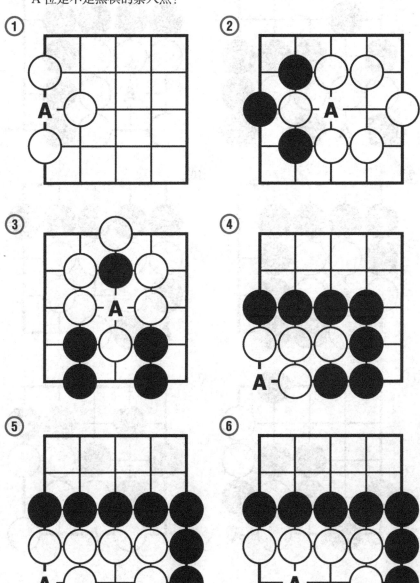

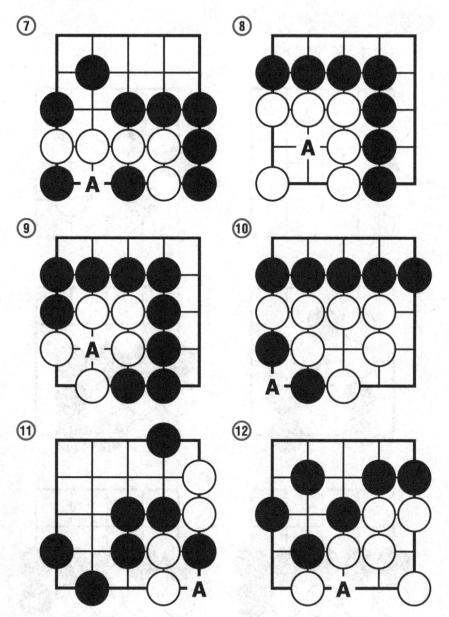

Lesson 4

第四课
死棋和活棋

在下棋的时候，我们已知谁占领的地盘多就容易取胜。

那么怎么判断哪里是占领的地盘呢？

死棋和活棋的概念

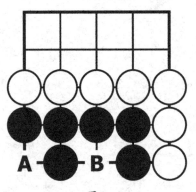

图 1

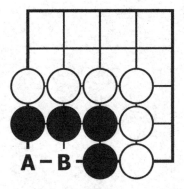

图 2

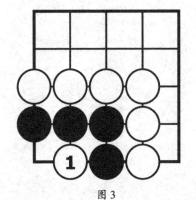

图 3

● 图 1

A 位和 B 位都是白棋的禁入点，也可以称作黑棋的眼（关于眼的概念，详见第 65 页），如果一块棋同时拥有 2 个或 2 个以上的眼一般就是活棋。

白棋下进去既无法吃掉黑棋，也无法在里面做两只眼，那么这个里面就是黑棋占领的地盘了。

● 图 2

A、B 都不是白棋的禁入点。

● 图 3

白棋如果下在 1 位，整块黑棋只剩 1 口气，即使黑棋吃掉白棋，也只有一只眼，所以无法活棋。

● 图 4

如果黑棋吃掉白棋，则 A 位也只有 1 口气，并不是白棋的禁入点。

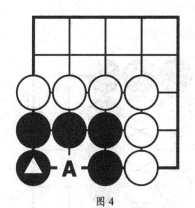

图 4

● 图 5

白棋下在 A 位就可以吃掉黑棋，把里面变成白棋所占领的地盘。

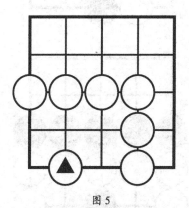

图 5

判断一块棋是活棋还是死棋，一般看一块棋被包围后是否拥有 2 个或 2 个以上的禁入点。（如果判断对方是死棋逃不出去，也可以不用吃。）

● 图 6

黑白被标记的棋子互相包围，谁都不敢下在 A、B 位置，担心会被吃掉，这个地方就是特殊的双活了。双活在围棋初学阶段的实战中遇见得比较少，我们在这里不做过多介绍。

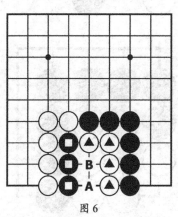

图 6

死棋和活棋练习题

白棋被包围，无法逃出，请判断白棋是否为活棋。

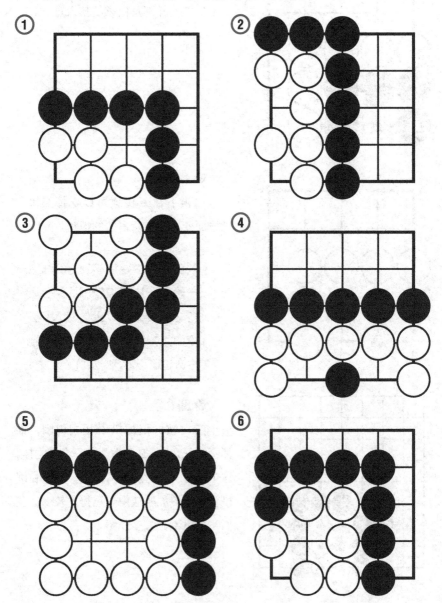

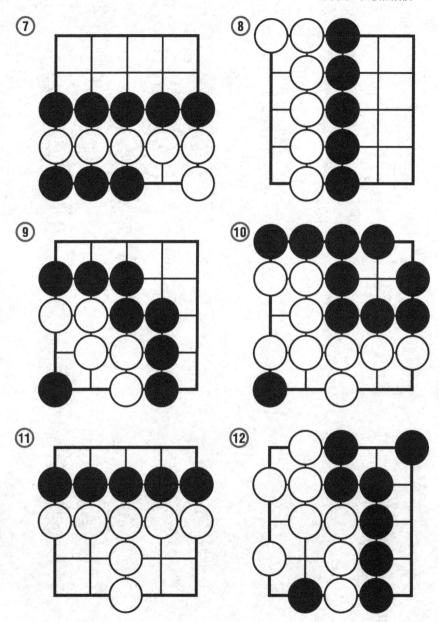

Lesson

5

死亡线

　　前面在介绍棋盘上的线的时候，我们讲过 1 路线。因为棋子下在上面，气相对来说比较少，所以 1 路线有个别称，叫"死亡线"。

死亡线的使用技巧

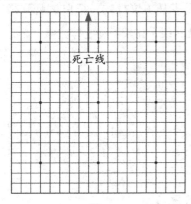

图 1

● 图 1

想要吃掉对方的棋子时，"死亡线"是很有作用的。

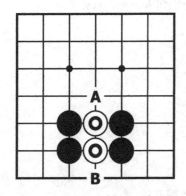

图 2

● 图 2

白棋的 2 颗棋子被黑棋包围了，只剩下 2 口气。

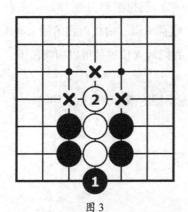

图 3

● 图 3

黑棋从 1 位打吃白棋，白棋从 2 位逃跑，这样白棋就变成了 3 口气，棋子逃跑的方向多了，黑棋就不容易吃掉白棋了。

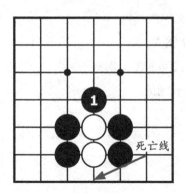

图 4

●图4

黑棋从1位打吃,把白棋赶到最近的死亡线,比较容易吃掉白棋。

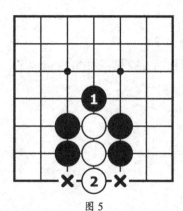

图 5

●图5

白棋如果逃跑,只有2口气。

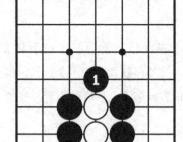

图 6

●图6

假如我们想把对方吃掉,从左右两边打吃都可以,白棋再跑的话只有1口气,我们从A位提就可以捕获白棋。

跑不掉的棋子,可以不用吃。

死亡线练习题

❶ 黑先，请配合死亡线吃掉白棋，在需要落子的地方写"1"。

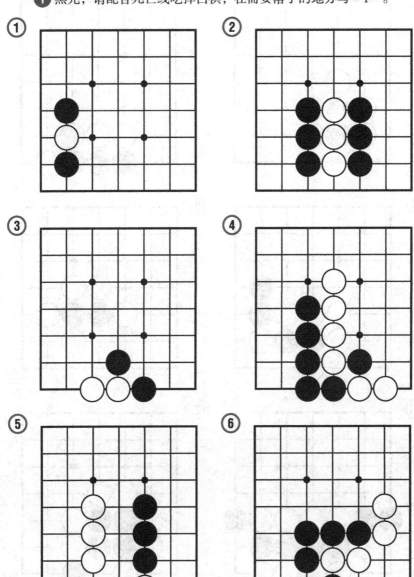

❷ 黑先，请判断黑棋能否逃跑。

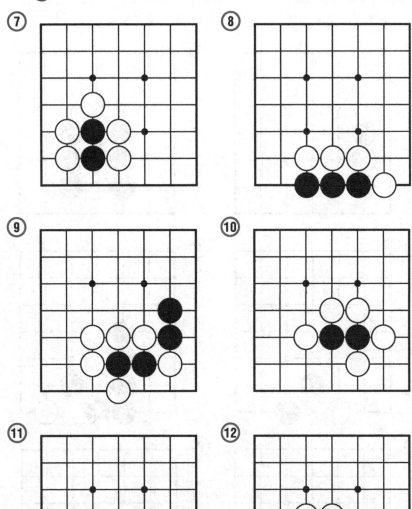

Lesson

6

第六课
棋子的分块

在下棋时，棋子一多就容易让我们眼花缭乱。那么，一种解决的办法是熟能生巧，多练习；另外一种方法就是给棋子来分块。

分块的概念

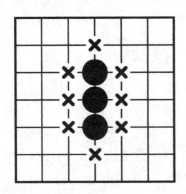

图 1

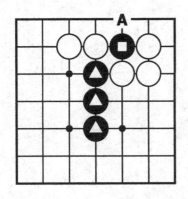

图 2

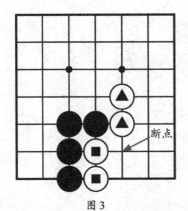

图 3

●图1

棋子的颜色一样，连在一起就是一块棋，气是共用的。

●图2

现在黑棋有 2 块，白棋也是 2 块。白棋想提掉黑棋 ☐，只要下在 A 位就可以了。黑棋上面的 ☐ 没有和下面的 ▲ 连在一起。

●图3

黑棋现在有 1 块棋，白棋有 2 块棋。黑棋下在断点的位置可以分断白棋。

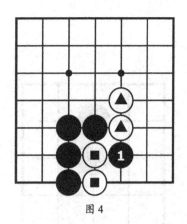

图 4

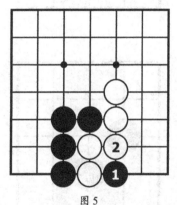

图 5

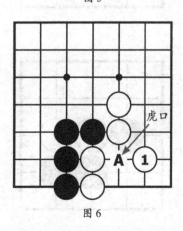

图 6

● **图 4**

这样，白棋 ▲ 和白棋 ▣ 就连不起来了，白棋 ▣ 也被赶到死亡线，跑不掉了。

● **图 5**

黑棋这样下是吃不掉白棋的，会帮白棋连接起来。

> 看准断点，将对方切断，可以使对方的棋子变弱。保护自己棋的断点，可以使自己的棋变强。
> 白棋也可以通过不让对方下进去的方法来保护断点。

● **图 6**

白棋下在 1 位后，A 位变成了"虎口"，这是一个假断点，黑棋下不进去了，如果下在 A 位会被吃掉的。

白棋的这种状况，也可以理解为一块棋。想吃下面的白棋，除非连走 2 步。

棋子的分块练习题

请数出黑棋的块数。

①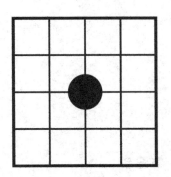

②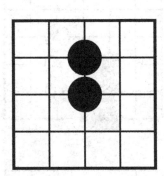

③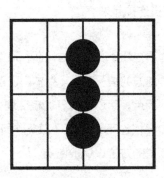

④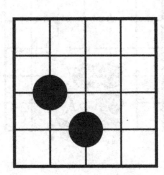

⑤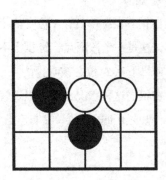

⑥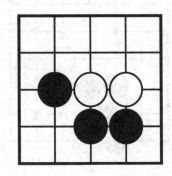

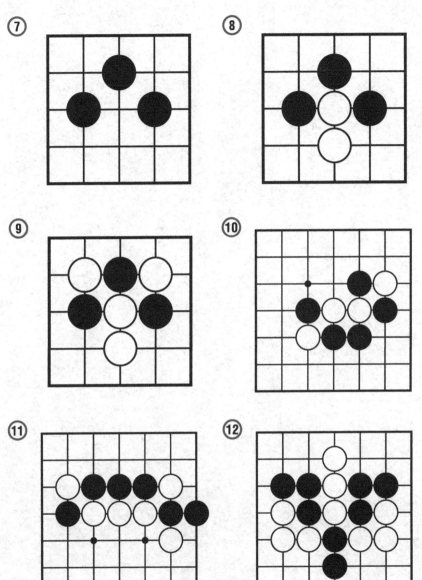

Lesson

7

第七课
双打吃

双打吃，顾名思义，就是同时打吃对方的两块棋，这样无论对方逃哪块棋，另一块都会被吃掉。那么，如何进行双打吃呢?

断点的概念

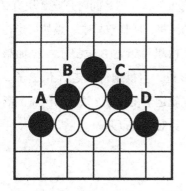

图 1

双打吃的技巧

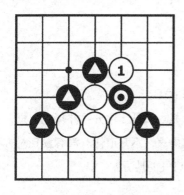

图 2

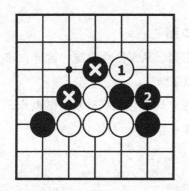

图 3

● 图1

可以把两块棋连在一起的地方叫作断点。黑棋有 4 个断点，保护自己的断点可以让棋变强。若被分断，棋会变弱。

● 图2

白棋下在 1 位分断并打吃黑棋，黑 ◉ 只有 1 口气，需要保护。

● 图3

黑棋下在 2 位保护自己危险的棋子。现在黑棋有 4 块棋，⊗ 棋子有 2 口气。

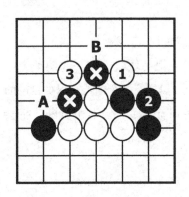

图 4

● 图 4

白棋下在 3 位，同时打吃 2 块有 2 口气的黑棋，叫作双打吃。黑如果走在 A 位，白棋可以走 B 位提子；黑如果走在 B 位，白棋则可以走 A 位提子。双打吃就是下在对方 2 块 2 口气棋的断点上，让对方难以兼顾。

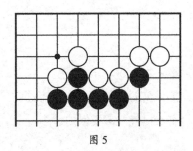

图 5

● 图 5

白棋现在有 3 个断点，怎么才能吃到白棋呢？

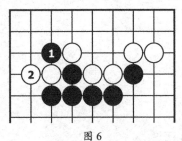

图 6

● 图 6

黑棋可以从 1 位分断并打吃白棋，白棋如果逃，不知道你有没有发现对方 2 块 2 口气的地方？

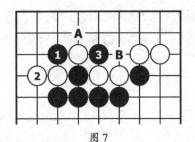

图 7

● 图 7

没错，从 3 位双打吃，这样白棋就难以兼顾了。

在对局中仔细观察双方的断点，是非常重要的。

双打吃练习题

黑先，找到对方 2 块 2 口气的断点进行双打吃，用数字"1"标记。

①

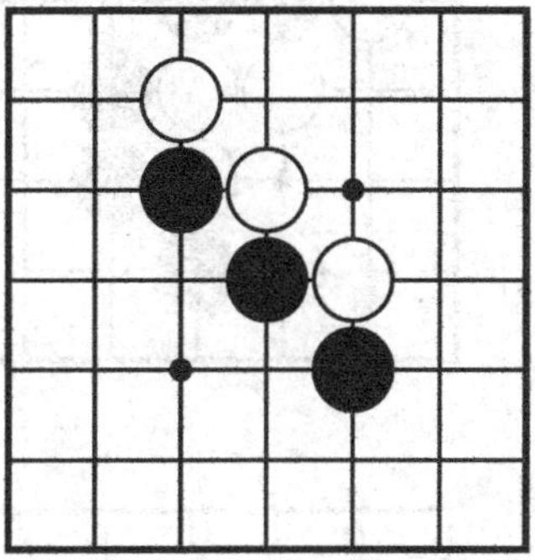

②

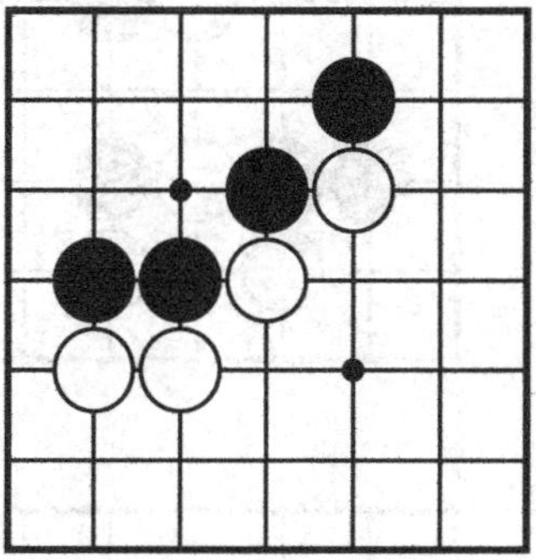

③

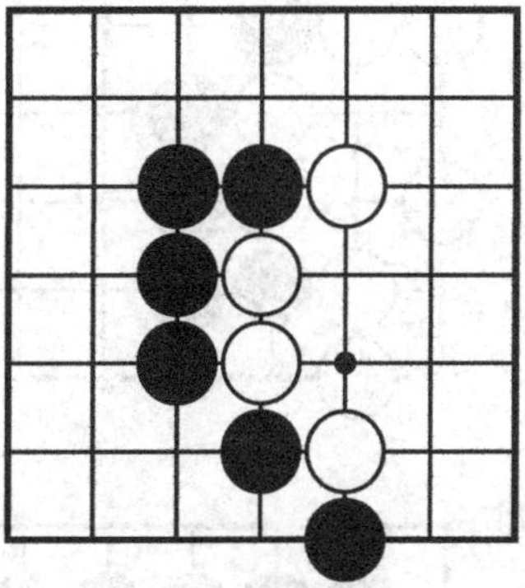

④

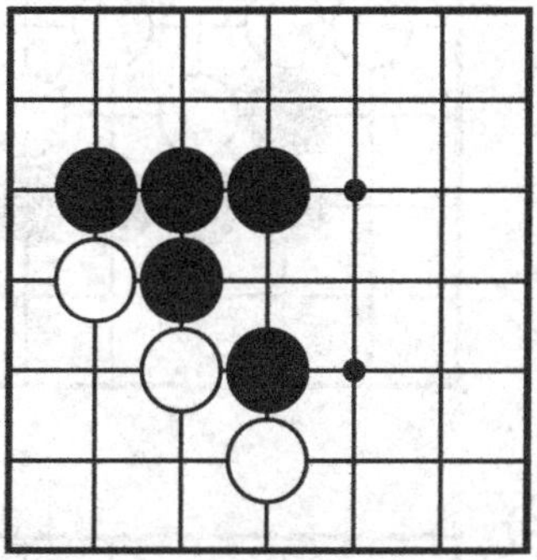

⑤

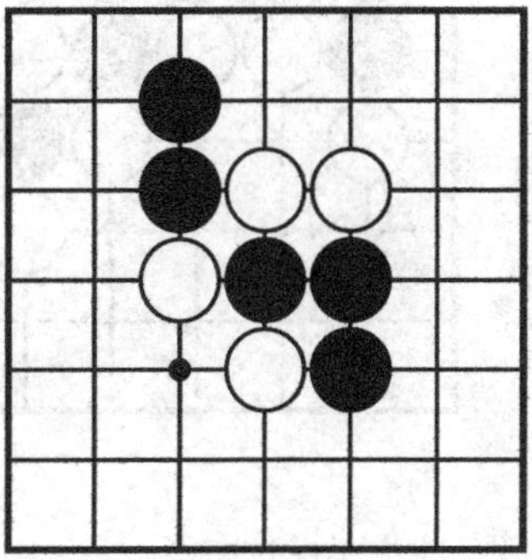

⑥

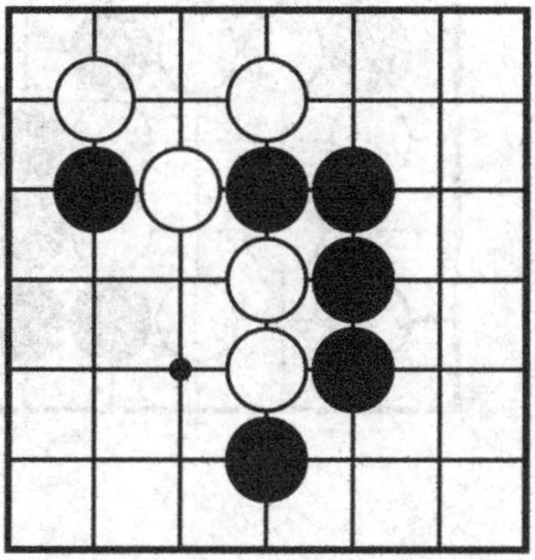

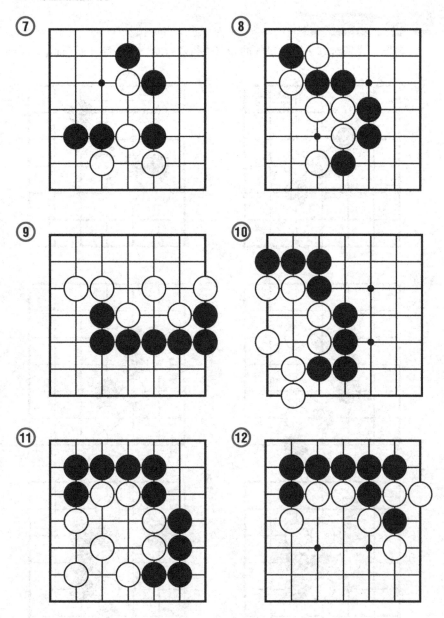

Lesson

8

第八课

征吃

　　征吃又叫扭羊头，是围棋里非常实用的一个对战技巧。需要注意棋子的方向，以及气的问题。

征吃的技巧

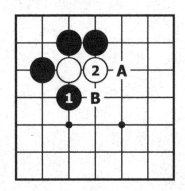

图 1

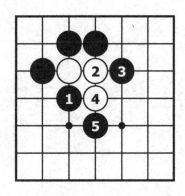

图 2

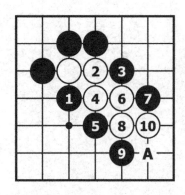

图 3

●图1

黑棋从 1 位打吃，如果白棋逃，接下来会出现两个逃跑方向，即 A 和 B。黑棋从对方逃跑的头上继续打吃，扭住对方的头。

●图2

对方从哪边跑，我们从哪边打吃。

●图3

追赶到 2 路线的时候，也可以直接从 A 位把对方赶到死亡线。

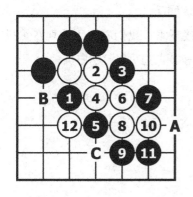

图 4

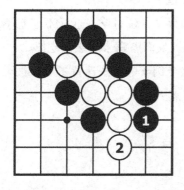

图 5

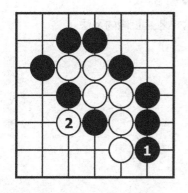

图 6

●**图4**

如果白棋下在 12 位双打吃黑棋，不用害怕，我们可以直接从 A 位提子，让自己 1 和 5 的气变多。

千万别从 B 位或 C 位去连接，那样并不能同时救出 1 和 5。

●**图5**

如果走错的话，会让对方变成有 3 口气。

●**图6**

这样被对方双打吃，就不能像刚才那样，借提子救出同时被双打吃的棋子了。

根据以上内容，我们可以总结一下。

1. 征子的时候，对方往哪边跑我们就从哪边追。

2. 将对方赶到 2 路线时，我们可以直接将对方赶到死亡线。

3. 征子的时候，不要让对方变成有 3 口或者 3 口以上的气。

4. 征子的时候，一般情况下不要将对方赶到自己气少的那边。

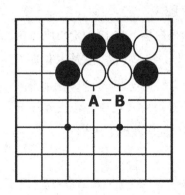

图 7

● 图7

接下来，我们看一下。现在黑棋有 A 和 B 两边可以打吃白棋。

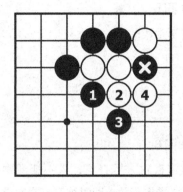

图 8

● 图8

如果从 1 位打吃，这样不但吃不掉白棋，反而黑 ⊗ 棋子要被吃掉。

这个例子的下法违背了上一页说的第 4 点。

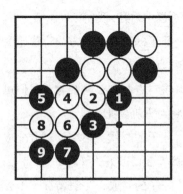

图 9

● 图9

这样才是正确的下法。

征吃练习题

黑先，请用征子的技巧吃掉白棋。

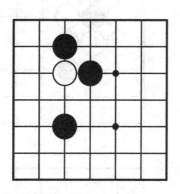

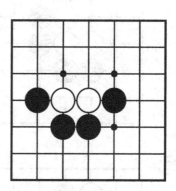

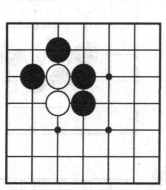

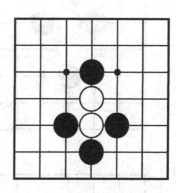

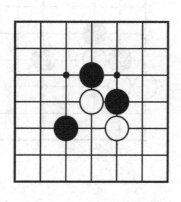

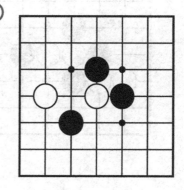

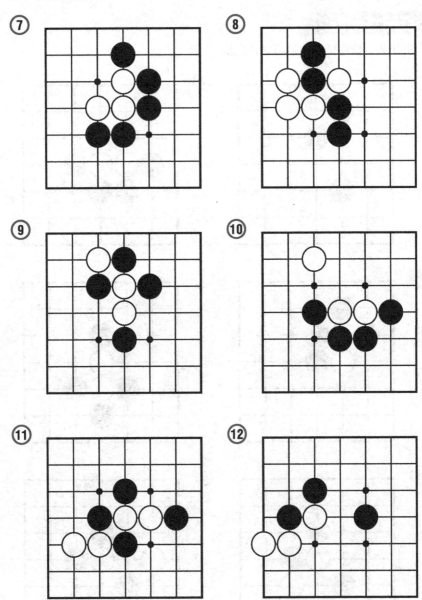

Lesson

9

枷吃

枷吃是另一种实用的围棋吃子技巧。

在自己的棋比较强大的时候，用快速封锁对方逃跑方向的方式来将对方包围。

枷吃的技巧

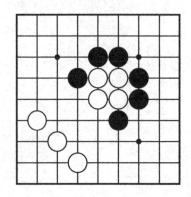

图 1

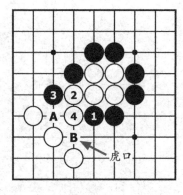

图 2

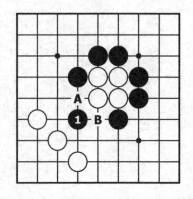

图 3

●图1

现在黑棋如何吃掉白棋4颗棋子呢?

●图2

征吃是不行的，走 A 位对方会从 B 位连起来。B 位是虎口，走会被直接吃掉。

●图3

因为黑棋比较强大，周围的气比较多，所以可以下在 1 位，对方两条逃跑路线的中间。这样，白棋两条路都出不去了。

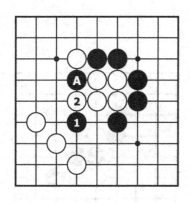

图 4

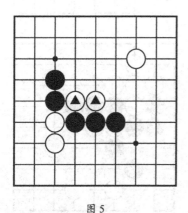

图 5

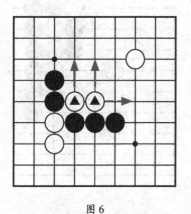

图 6

● **图 4**

这样是不能枷吃的，因为 A 位黑棋的气不够多，没有比白棋强大，这样是吃不掉白棋的。

枷吃的技巧：

1. 下在对方的两条逃跑路的中间；

2. 参与枷吃的棋子一般要比被枷吃的棋子强大；

3. 枷吃也可以配合死亡线。

● **图 5**

如何枷吃白棋 ⊛ 棋子呢？

● **图 6**

白棋 ⊛ 一共有两条逃跑的路，实线箭头所指的是一条比较宽的路，虚线箭头所指的也是一条。所以，还是两条路。

● **图 7**

正确的枷吃方式。

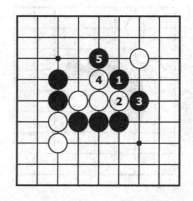

图 7

枷吃练习题

请用枷吃的技巧吃掉白棋。

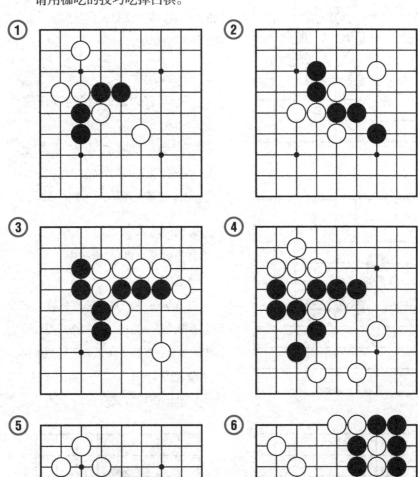

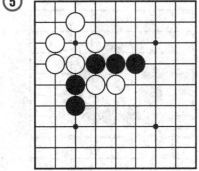

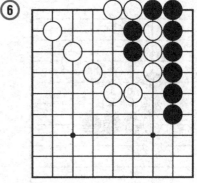

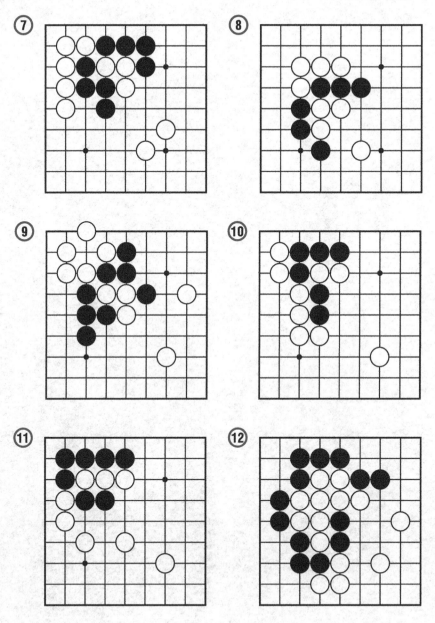

Lesson

10

第十课
倒扑

　　吃子很神奇，有时想吃却吃不掉。那么，我们需要一些特殊的技巧。

倒扑的技巧

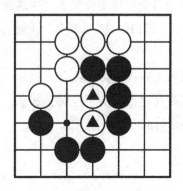

图 1

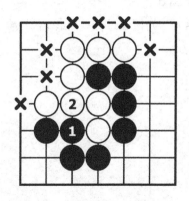

图 2

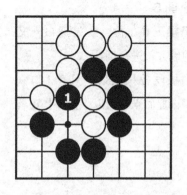

图 3

● **图1**

黑棋先走，想吃掉白棋。最好的选择是进攻两颗白子 ⚫，因为气比较少。

● **图2**

黑棋从1位打吃，白棋2位连接，白棋变成7口气。这样吃不掉白棋。看来这种方法行不通，我们需要换种方法。

● **图3**

黑棋下在1位的方法叫"扑"（下在对方虎口的位置）。

这种方法，就像钓鱼一样，先给一些鱼饵，等鱼上钩。

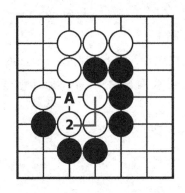

图 4

● **图4**

假如白棋吃掉1位棋子，变成这个形状，三颗白棋只有1口气，鱼就上钩了。

黑棋A位提，就可以了。

通过扑送给对方可吃掉的棋子，再吃回来的技巧叫"倒扑"。

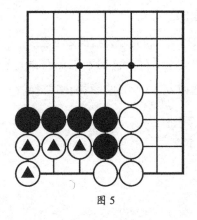

图 5

● **图5**

黑先，如何通过倒扑吃掉白棋 4子呢？

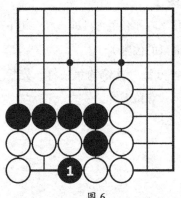

图 6

● **图6**

黑棋下在1位，既是虎口，又是断点的地方，进行倒扑。

白棋吃掉黑棋后，只有1口气，会被黑棋提回来，所以1位扑是正解。

●**图7**

黑棋从1位扑是没用的，白棋提掉后就连起来了。

倒扑一般是指下在对方既是虎口，又是断点的地方，通过扑送给对方吃，然后再吃回来。

虽然送给对方吃掉1颗棋子，但是没能吃回来，所以算不上倒扑。

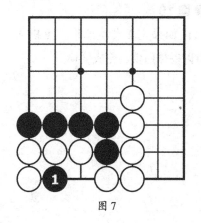

图7

●**图8**

好像没有可以倒扑的地方了？黑先，应该如何吃子呢？

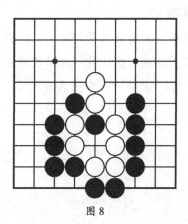

图8

●**图9**

黑棋应该从1位打吃。因为，既是虎口又是断点的地方已经有子了，所以我们堵住白棋外面的气也可以倒扑。

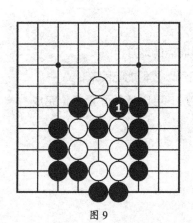

图9

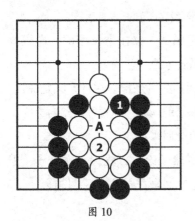

图 10

● 图 10

白棋如果走 2 去吃黑棋，黑棋 A 位就可以提掉白棋，完成倒扑。

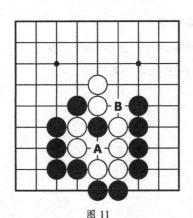

图 11

● 图 11

黑棋若是走在 A 位吃 2 子，白棋会在 B 位连接。这样没有走出效率更高的下法，围棋里棋子效率非常重要。

倒扑的技巧：

1. 通过扑，下在对方既是虎口，又是断点的地方；

2. 对方吃掉扑的棋子后，还剩下 1 口气，我们能吃回来；

3. 当虎口、断点里有己方棋子的时候，可以从外面紧气，完成倒扑。

倒扑练习题

用倒扑的技巧吃掉▲棋子。

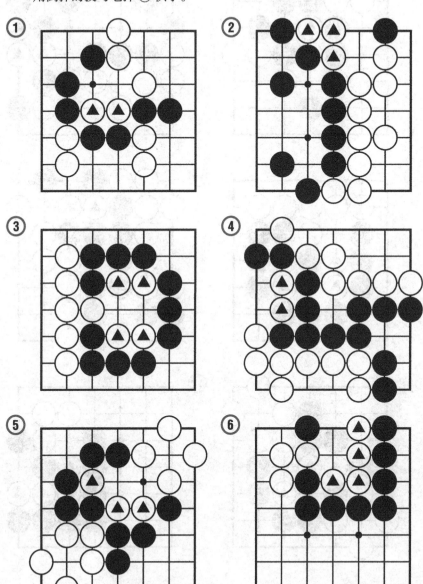

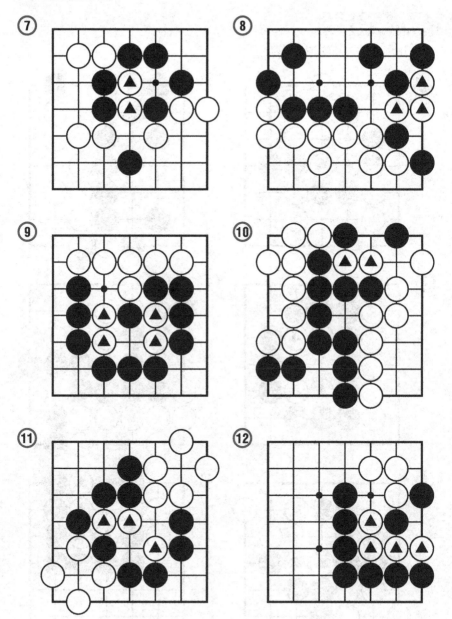

Lesson

11

第十一课
扑与接不归

在下围棋的过程中，接不归是常常出现的一种状态，而利用扑来使对方棋子接不归，也非常常见。

扑的概念

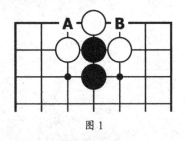

图 1

● 图 1

扑是指下在对方的虎口里送给对方吃，黑下在 A 和 B 都是扑。

在围棋里，扑常用于快速紧气和破坏对方的眼 (后面会讲解)。

接不归的概念

● 图 2，图 3

黑棋打吃白棋 ⬤ 两子，白棋下在 2 连接，4 颗白棋只有 1 口气，无法连接回去。这种打吃后也连不回去的棋形叫接不归。

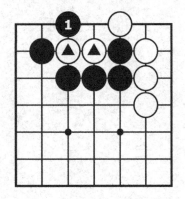

图 2

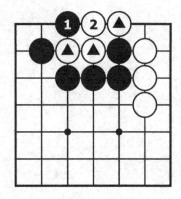

图 3

扑与接不归的综合运用

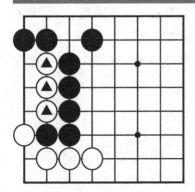

图 4

● 图 4

黑先，如何吃掉三颗 ▲ 白子呢？

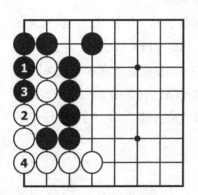

图 5

● 图 5

黑棋从 1 位紧气，白 2 连接，黑 3 再打吃，白 4 连接，这样白棋全部连起来，就无法吃掉了。

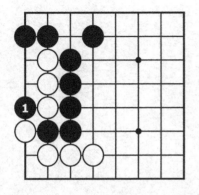

图 6

● 图 6

黑棋需要从 1 位通过扑，快速紧气。

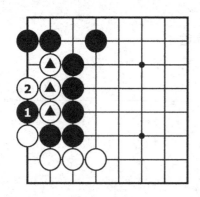

图 7

● **图7**

白棋提掉黑1扑的棋子，4颗 ⬤ 白棋变成2气。

这样扑的棋子就发挥了快速紧气的作用。

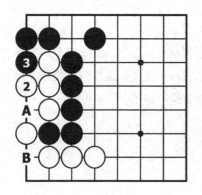

图 8

● **图8**

黑棋再从3位打吃，白棋从A位连接，黑棋可以从B位提。

白棋从B位连接，黑棋可从A位提。

这样通过扑和接不归的组合技巧，就可以吃掉白棋了。

扑与接不归练习题

黑先，通过扑或接不归的技巧吃掉白 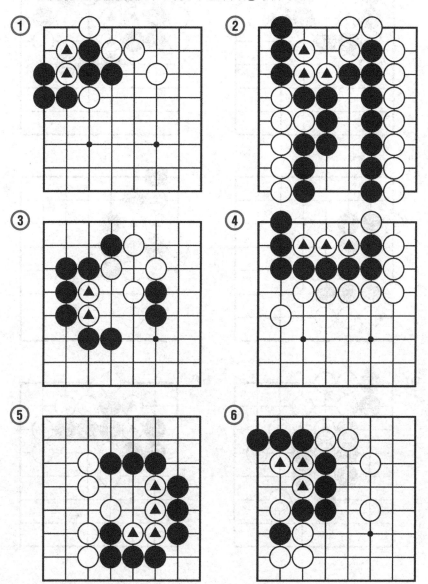 棋子。

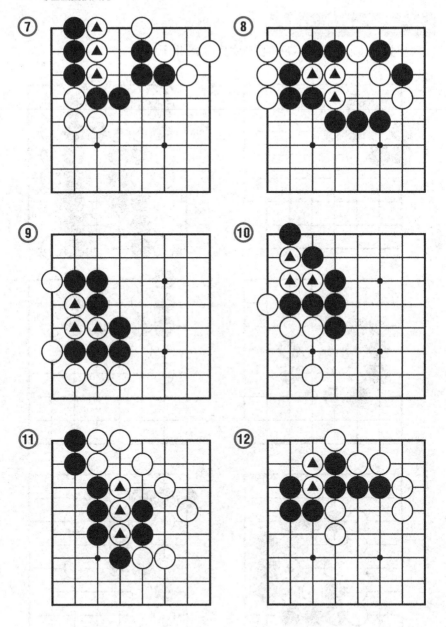

第十二课
基础对杀

对杀是指棋子互相包围，谁也无法做成活棋的情况。本节介绍对杀的基础知识。

对杀的概念

对杀是指棋子互相包围，谁也跑不掉，并无法做成活棋。

气数相同的对杀

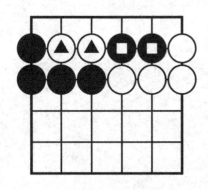

图 1

● 图 1

黑棋 ◯ 2 子和白棋 ▲ 2 子，互相包围无法逃出，同为 2 口气。

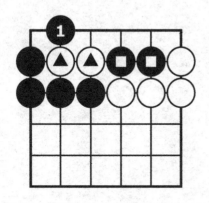

图 2

● 图 2

黑棋从 1 位打吃对杀的棋子，白 ▲ 2 子还剩 1 气，黑 ◯ 2 子还有 2 口气。黑 2 气对白 1 气，即将取得对杀胜利。

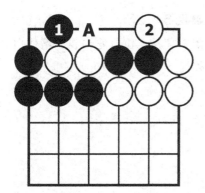

图 3

有公气的对杀

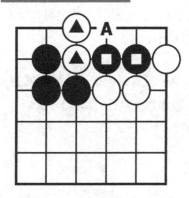

图 4

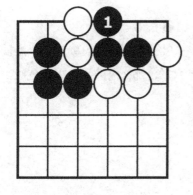

图 5

● **图3**

白棋 2 位打吃，现在对杀的棋子是 1 气对 1 气。黑棋下在 A 位就可以先一步吃掉白棋，救出自己。

在气数相同的对杀情况下，一般先动手的一方有利。

● **图4**

黑棋 ○ 2 子和白棋 ▲ 2 子的对杀，A 位叫"公气"。

公气是指对杀棋子双方公用的气。

● **图5**

黑棋下在 1 位去紧公气，这样对杀变成 1 气对 1 气，白先动手，会吃掉黑棋。

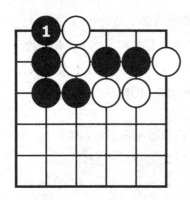

图 6

● **图6**

黑棋应从 1 位打吃白棋，堵住白棋的外气。

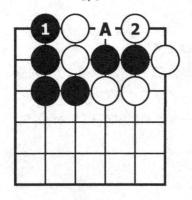

图 7

● **图7**

白棋从 2 位紧气，黑棋可从 A 位公气处提子。

有公气对杀的棋，一般紧气的顺序是先紧外气再紧公气。

有暗气的对杀

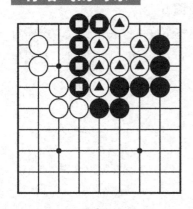

图 8

● **图8**

黑棋 ○ 和白棋 ▲ 对杀，黑棋有 3 口气。那么白棋 ▲ 有几口气呢？

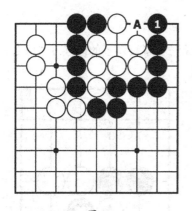

图 9

●图9

白棋一共有 3 口气，1 位是白棋的暗气。

因为，黑棋下在 A 位，会被白棋吃掉，所以要先下在 1 位。

> 一般来说，我们需要走几步吃掉对方，对方就有几口气。

长气的对杀

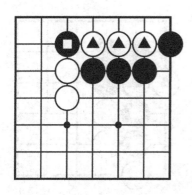

图 10

●图10

黑棋 ⬜ 只有 2 口气，白 ▲ 有 3 口气，直接对杀明显不利。

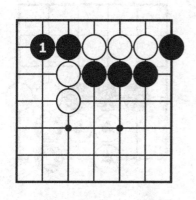

图 11

●图11

黑棋从 1 位长气变成 4 口气，这样可以取得对杀胜利。

在对杀气不够的情况下，可以想想有没有办法先长气。

基础对杀练习题

黑先，通过学习的方法，取得对杀胜利，在需要落子的地方写"1"。

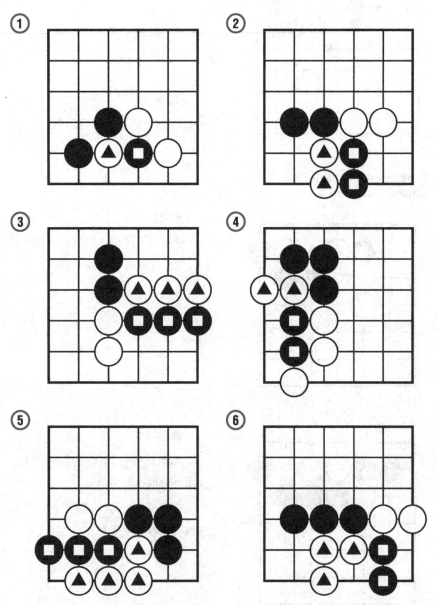

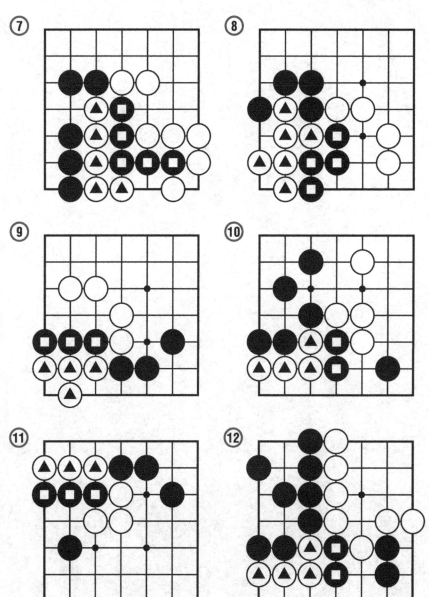

Lesson

13

第十三课
真眼和假眼

一块棋的眼决定一块棋的死活。而眼又有真眼和假眼之分，只有学会识别真眼和假眼，才能判断一块棋的死活。

眼的概念

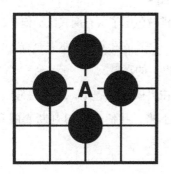

图1

● **图1**

　　围棋的眼是指用若干棋子围住的一个交叉点或多个交叉点。黑棋用4颗棋子围住了一个交叉点，A位就是黑棋的眼，是中间的眼。

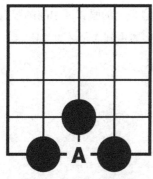

图2

● **图2**

　　黑棋借用一路线的帮助，用了三颗棋子围成了A位的眼，这个是边上的眼。

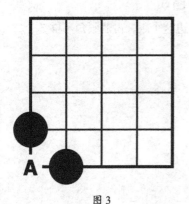

图3

● **图3**

　　A位是角上的眼。

真眼和假眼

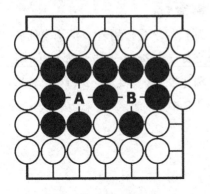

图 4

●图4

黑棋被包围了，有两只眼。但是，是死棋。一般情况下，活棋需要有2只或2只以上的真眼。

现在黑棋A位是真眼，B位是假眼。

接下来，我们来学习判断真眼和假眼的方法。

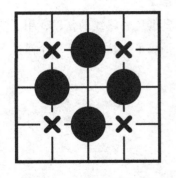

图 5

●图5

不在边角上的眼，即中间的眼有4个眼角。一般占到3个才是真眼。

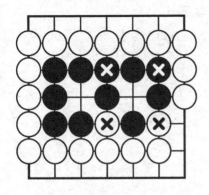

图 6

●图6

右边这个眼，占的眼角不够3个，是假眼。

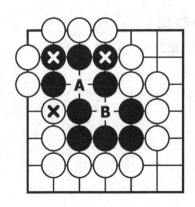

图 7

● 图 7

A 位是真眼，因为占了 3 个眼角。由于 B 位白棋下不进去，所以 B 位的眼角也算是黑棋的。

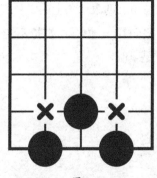

图 8

● 图 8

边上的眼，有两个眼角，才是真眼。

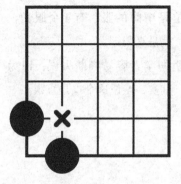

图 9

● 图 9

角上只有 1 个眼角，所以占到才是真眼。

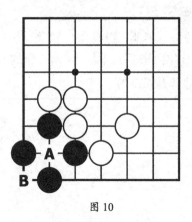

图 10

● **图10**

左下角黑棋有 A、B 两只眼。

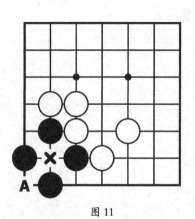

图 11

● **图11**

A 位是角上的眼，角上的眼只有 1 个眼角。眼角在 × 位，白棋抢不走，所以 A 位是真眼。

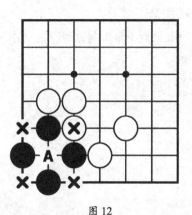

图 12

● **图12**

A 位是中间的眼，有 4 个眼角，占领 3 个就是真眼。

这里初学者容易判断失误，以为是死棋。其实，A 位这个也是真眼。

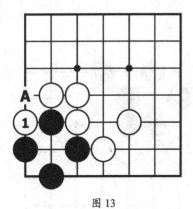

图 13

● **图 13**

白 1 想抢走黑棋的眼角。但是，会被黑棋从 A 位提掉。

> 我们做眼的时候，不一定非要下在眼角上，只要对方下不进来，也算是占领了眼角。

真眼和假眼练习题

请判断黑棋有几只真眼。

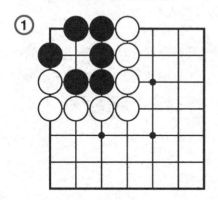

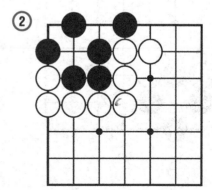

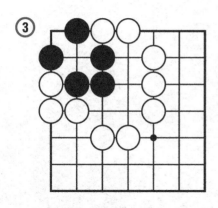

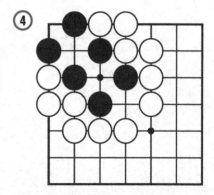

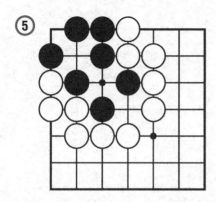

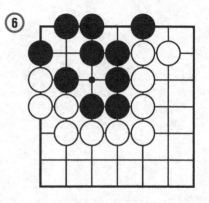

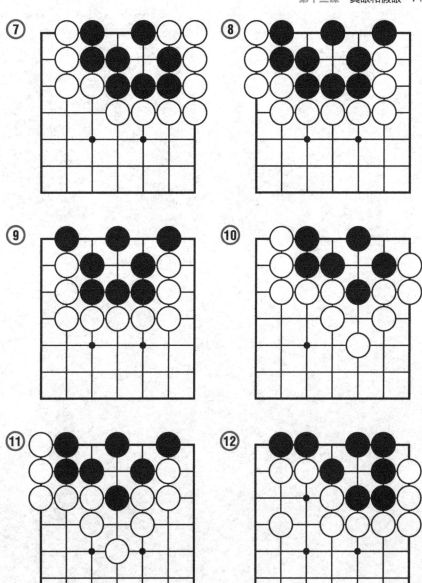

Lesson

14

第十四课
大眼的死活

有 2 个或 2 个以上"眼位"
的棋就有了一只"大眼"。大眼
并不意味着活棋，判断一只大眼
的死活是对杀的基础。

眼位的概念

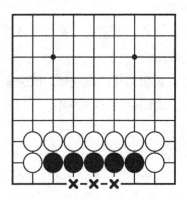

图 1

● **图1**

凡是能够做成真眼的地方，叫"眼位"。黑棋一共有 3 个眼位。

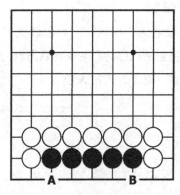

图 2

● **图2**

A 和 B 位不是眼位，即使黑棋连走两步也无法做成真眼。

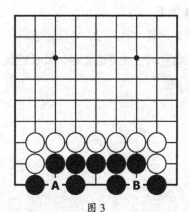

图 3

● **图3**

A 和 B 都是假眼。

有 2 个或 2 个以上眼位的眼型，就算是大眼了。

接下来，我们学习各种常见大眼的死活。

大眼的死活

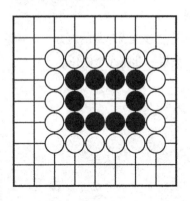

图 4

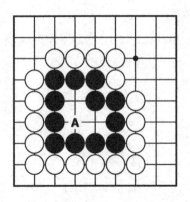

图 5

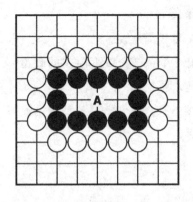

图 6

● 图4

大眼名称"直二"，直二是没办法做成两只眼的。

直二被包围住就是死棋。因为无论如何，都无法做成两只真眼。

● 图5

大眼名称"弯三"，可以做成两只眼，被包围后棋的死活要看谁先走。做眼要点只有1个，在A位。

● 图6

大眼名称"直三"，可以做成两只眼，棋的死活也是看谁先走，做眼要点也在A位。

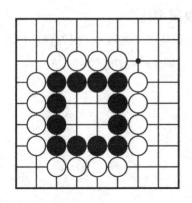

图 7

●图7

大眼名称"方四"，被包围住是死棋，没有办法做成两只眼（除非连走两步）。

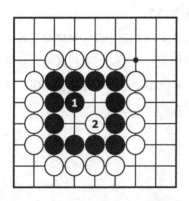

图 8

●图8

因为黑棋无论占哪个点，都会变成弯三，被白棋先抢占做眼要点，就无法做成两只眼了。

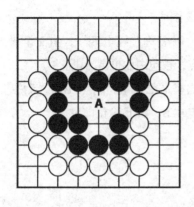

图 9

●图9

大眼名称"丁四"，被包围住后棋的死活看谁先走，做眼要点在 A 位。

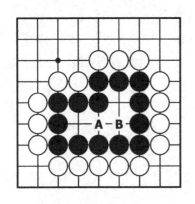

图 10

● 图 10

大眼名称"弯四"，因为有 2 个做眼要点，即使被包围也是活棋。

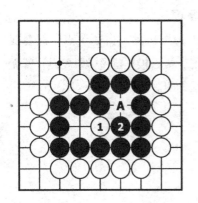

图 11

● 图 11

白棋如果走在 1 位，黑棋抢占另外一个做眼要点。A 位有 1 只真眼，另外一边白棋跑不掉也会变成黑棋的眼，所以是活棋。

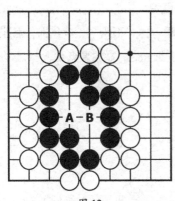

图 12

● 图 12

大眼名称"闪电四"，有 2 个做眼要点，被包围住也是活棋。

白棋走在 A，黑可下在 B 位。反之，白棋走在 B，黑下 A 位即可。

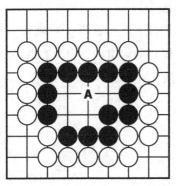

图 13

● 图 13

大眼名称"刀把五"，有 1 个做眼要点，棋的死活看谁先走。

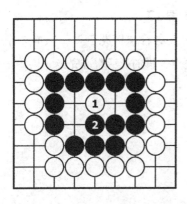

图 14

● 图 14

白棋先走在 1 位，黑棋若下在 2 位，形成已被占到 1 个要点的弯四。

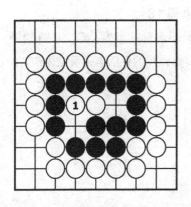

图 15

● 图 15

白棋再去占领黑棋弯四的另 1 个做眼要点，黑棋无法做活。

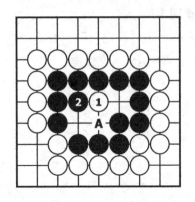

图 16

● **图 16**

如果黑 2 下在这里，形成被占 1 个做眼要点的闪电四，白下在 A 位，黑无法做成两只眼。

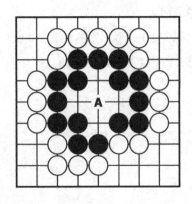

图 17

● **图 17**

大眼名称"梅花五"，只有 1 个做眼要点，棋的死活看谁先走。

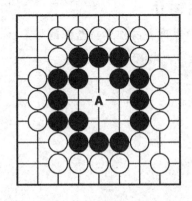

图 18

● **图 18**

大眼名称"葡萄六"，只有 1 个做眼要点，棋的死活也是看谁先走。

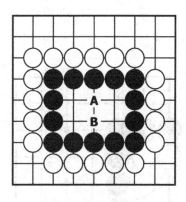

图 19

● 图 19

大眼名称"板六"，有 2 个做眼要点，被包围住也是活棋。

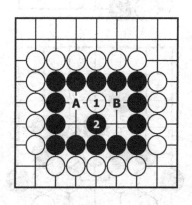

图 20

● 图 20

白棋若是想杀黑棋，白棋走 1 位，黑棋抢另外一个做眼要点。

白棋走 A 位黑棋就走 B 位。所以，白棋无法杀掉黑棋。

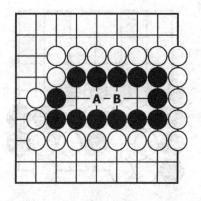

图 21

● 图 21

大眼名称"直四"，有两个做眼要点，被包围住是活棋。

被包围住的大眼，活形有：直四、弯四、闪电四和板六。

被包围住的死形有：直二和方四。

看谁先走的形有：直三、弯三、丁四、刀把五、梅花五和葡萄六。

大眼的死活练习题

1 黑先，杀白棋，在要走棋的地方写"1"。

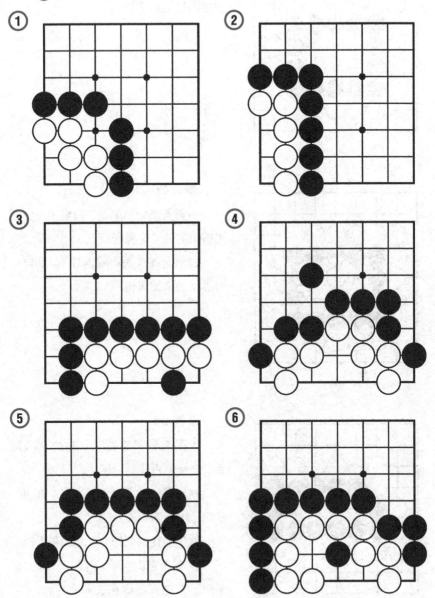

2 黑先，做活，在要走棋的地方写"1"。

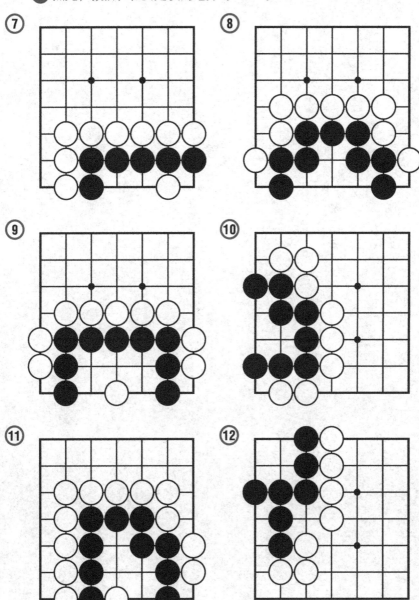

Lesson

15

围棋的控制点

在自己控制范围内的交叉点就是控制点，控制点越多，形势就越有利。

控制点的概念

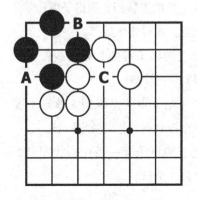

图 1

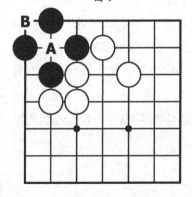

图 2

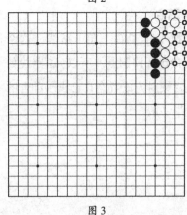

图 3

● 图1

A、B 是黑棋的控制点，白棋在 A 和 B 下进去，都会被黑棋吃掉。

C 位是白棋的控制点，黑棋在 C 位下进去会被白棋吃掉。

控制点是指对方下进去无法做活或逃跑的地方。

● 图2

A、B 也是黑棋的控制点。

> 对局中，用少量的棋子围出的控制点越多，表示行棋效率越高。

● 图3

○代表白棋的控制点。

黑棋下进去，如果无法逃出去或者无法做出两只眼，就代表里面是白棋的控制点。

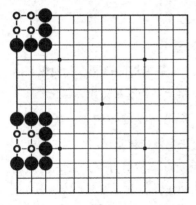

图 4

左上角的黑棋用 5 颗棋子围住了 4 个控制点，相对效率最高。

角上的棋子有两条死亡线配合，只需要封住两个口。

图 4 左下角的黑棋用 8 颗棋子围住了 4 个控制点，相对效率一般。

边上的棋子有一条死亡线配合，需要封住 3 个口。

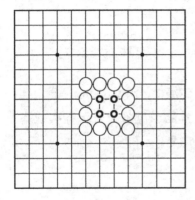

图 5

● 图 5

中间的白棋用 12 颗棋子围住了 4 个控制点，相对效率最低。

因为中间没有死亡线配合需要封住 4 个口。

这也是我们优先下在角上的原因。

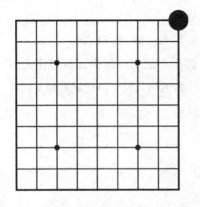

图 6

● 图 6

黑棋下在了右上角 1 路线。这个棋并没有什么控制点。所以，1 路线如果不是封锁对方或者有自己棋子配合的话，效果一般。

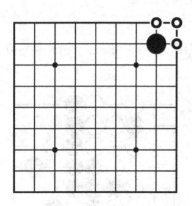

图 7

● 图7

黑棋下在了右上角 2 路线。配合死亡线，围住了 3 个控制点（对方下在控制点上会被轻易吃掉）。

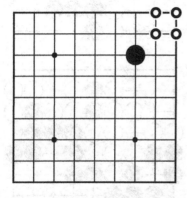

图 8

● 图8

黑下在了右上角 3 路线，围住了 4 个控制点，比 2 路线的效率稍微高一点。

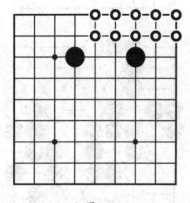

图 9

● 图9

如果想要围出更多的控制点，需要棋子之间的配合。

想要围住控制点时，最好不要被轻易分开。

围棋的控制点练习题

　　请标记出黑棋和白棋的控制点，黑棋用○，白棋用 ×。（死棋算对方的控制点。）

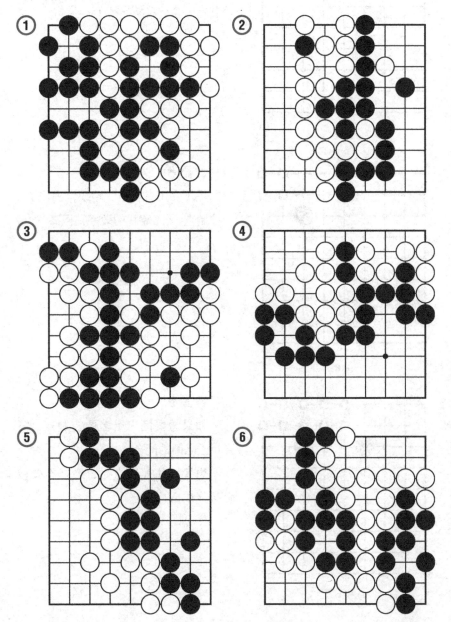

第十六课
目与单官

一手棋只能占领一个交叉点而不能围到"目"的棋叫单官。单官价值很小，要尽量走能围到"目"的棋。

目与单官的概念

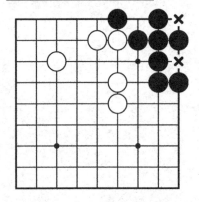

图 1

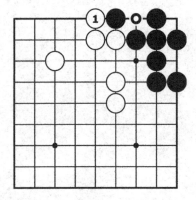

图 2

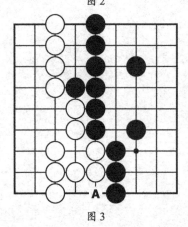

图 3

●图1

下棋的时候，谁的空多，就容易获胜。我们来观察一下，黑棋围住了2个白棋无法破坏的交叉点。

我们把围住的对方无法破坏的交叉点称为"目"，所以，黑棋围了2目。

●图2

〇位虽然也围住了一个交叉点，但是今后白棋从1位打吃，黑棋需要连接，所以〇位是围不出目的。

●图3

在A位是有目可以争夺的。

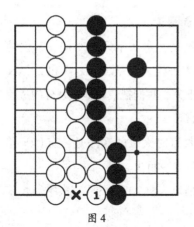

图 4

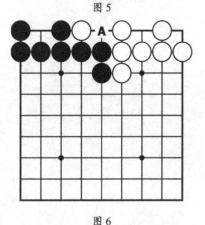

图 5

●图4

如果白棋下在1位,可使 × 的位置增加1目棋。

●图5

反之,黑棋下在1位的话,可以阻止白棋围成1目,所以黑1也有1目价值。

我们把黑白双方活棋公共的交叉点叫"单官"。

× 位就是单官,单官是增加不了目的,一般我们先收有目的,再收单官。

●图6

A位是有目的。如果,黑下在A位,可以吃掉白棋,并且围成1目。

吃1颗子是1目,围到1个交叉点是1目。

这里黑棋下在A位吃子,并围住了一个交叉点是2目。

反之,白棋下在A位救回1颗棋子,阻止对方围出1目,也有2目价值。

在下棋时,高效率的围空(目)和吃掉对方棋子,都可以使己方增加目,提高获胜的概率。

图 6

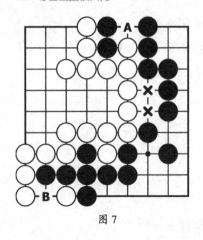

图 7

● 图 7

这是一盘快下完的对局。其他地盘基本确定，还剩下 A、B 和 2 个 ×点没下完，我们把最后地盘划分的过程叫收官。

收官时大致的次序是：有目＞单官，目多＞目少。

所以，图 7 正确的收官次序是 A＞B＞×。

目与单官练习题

1 请找出棋盘上没收完单官的地方，用"1""2"标出收官次序。

2 请找出有目的地方，从大到小用数字标出收官次序。

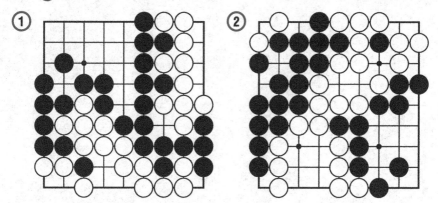
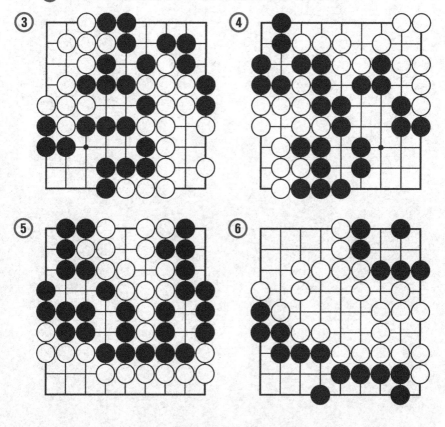

Lesson

17

第十七课
胜负的计算

    一般判断胜负有两种方法：一种是一方自己认输，对方中盘获胜；另一种是需要裁判来数子确定胜负。

    在双方确定收官结束，没有地方可以落子后，我们就可以开始数子了。

从棋盘上拿掉死子

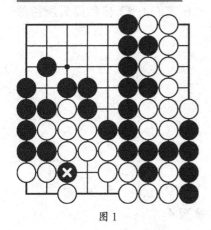

图 1

● 图 1，图 2

❌ 这颗是死棋。我们先把 ❌ 这颗棋子拿掉。

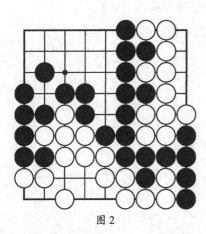

图 2

整理地盘

我们可以把地盘整理出十个十个的形状，这种方法叫"整地"，方便数子时看得更清楚。

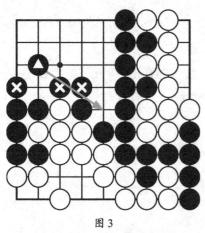

图 3

●图 3

现在我们把 ⬤ 移到箭头所指的位置。

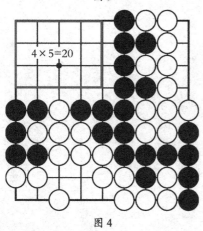

$4 \times 5 = 20$

图 4

●图 4

把 ⊗ 从棋盘上拿掉。

黑棋整理出来的地盘是 20 目。

数子

光整理地盘是无法判断胜负的，需要把地盘与棋盘上的黑棋相加。

这时候，可以移动棋子，让清点更方便。

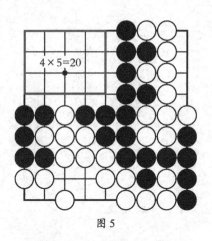

图 5

● 图 5

移动前的棋盘。

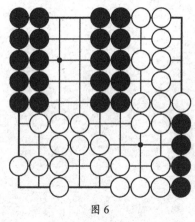

图 6

● 图 6

移动后的棋盘。

刚才黑棋一共整理出 20 个交叉点，加上 24 个棋子一共是 44 子。

这个是 9 路棋盘，一共 81 个点，由于黑棋先走有优势，所以，黑棋应该 45 子赢，但是只有 44 子，所以黑棋输了。

19 路棋盘一共是 361 个交叉点，要贴 $3\frac{3}{4}$ 子，黑棋 185 子可取得胜利。

Lesson

18

大小的判断

一手棋可以落子的选点很多，每个选点的价值大小不同，学会判断大小才能在众多选点中下出最好的一手。

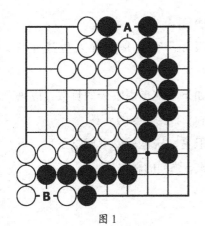

图 1

●图1

黑先，有 A、B 两个点可以选择。

黑棋走在 A 位救回 2 子，价值 4 目。

黑棋走在 B 位吃掉对方一子，价值 2 目。

所以，图 1 中黑走在 A 位价值更大。

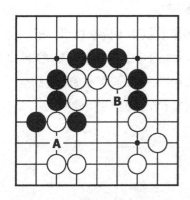

图 2

●图2

黑先，看似 A 位只能提 1 颗白子，而 B 位可以提 4 颗白子。那么，我们应该怎么选择呢？

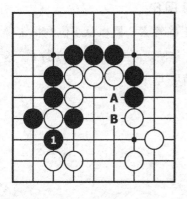

图 3

●图3

正确答案，黑先应该下在 1 位，白棋如果从 A 位跑，黑棋从 B 位打吃，白棋还是跑不出去。在下棋的时候，初学者往往习惯去吃跑不掉的棋子，一般我们不吃跑不掉的棋子，把棋优先下在更有用的地方。

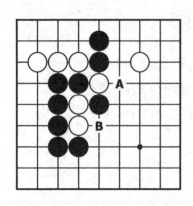

图 4

●**图4**

黑先，究竟是走在 A 位还是 B 位呢？

如果单纯考虑吃子的目数，应该是 B 位。因为，吃的子多。

但是，这里需要考虑吃子后，对其他棋子强弱的影响。

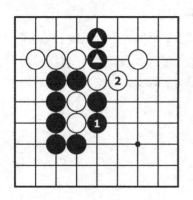

图 5

●**图5**

如果黑棋在 1 位吃白棋 2 子。白棋 2 位救出 1 子，上面的 2 颗 ▲ 黑棋被白棋吃掉的话，全部变成白棋的空，所以黑棋下在 B 位价值小。

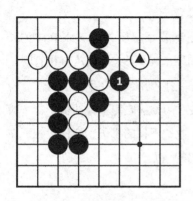

图 6

●**图6**

正确答案，黑棋从 1 位吃掉 1 颗白棋，这使盘面上的白棋都变弱了，这个价值更大。

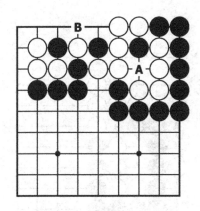

图 7

● 图7

黑先，A位可以吃4颗子，B位可以吃1颗棋子。

那么，应该如何选择大小呢?

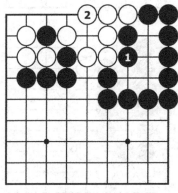

图 8

● 图8

如果黑棋下在1位选择吃4颗棋子，那么白棋下在2吃掉1颗。

这样，黑棋只是单纯地吃掉了4颗白棋。其实，有更好的选择。

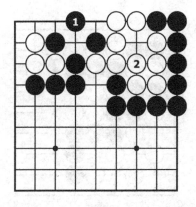

图 9

● 图9

黑1是正确答案，看上去只是吃了1颗棋子。但是，就算白下在2位也无济于事了。整块白棋，左边没有两只眼，右边也只有1只眼，两边的棋都没有活棋。

所以，在选择大小的时候，考虑整块死活很重要。判断大小、吃棋子和救棋子的思路是一样的。

大小的判断练习题

黑先，通过判断大小，选择行棋到 A 位还是 B 位。

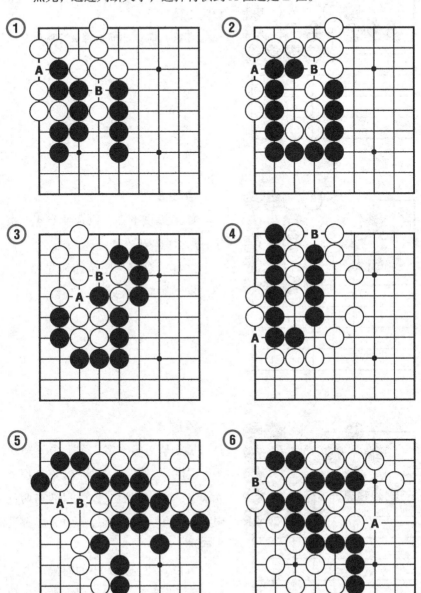

第十九课

劫

劫在实战中经常出现，是比较复杂、令人头疼的情况。一个劫的胜负常常会影响整个棋局的走向。

打劫的概念

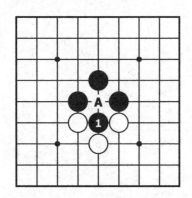

图 1

●图1

黑1在A位刚刚提掉了一颗白子，现在轮到白棋下。

根据规则白棋是不能马上下在A位的，这种情况叫"打劫"。

那究竟白棋如何才能提回去呢？

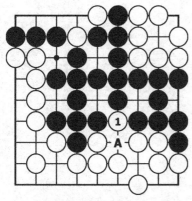

图 2

●图2

白棋刚在1位提了黑棋，在A位有一个打劫的形状。黑棋是不能马上反提回去的。必须要"找劫材"（就是找一个对方必须要理你的地方）。

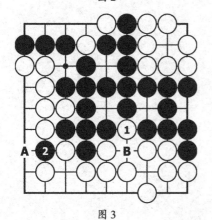

图 3

●图3

黑棋在2位扑进去找劫材，白棋可以在A位提掉黑棋。

打劫时不能马上反提回去，在别的地方经过一手棋的交换，就可以在B位提回去了。

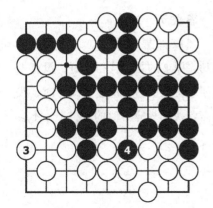

图 4

● 图 4

经过打劫变成图 4 形状。白棋下在 3 位叫"应劫"。

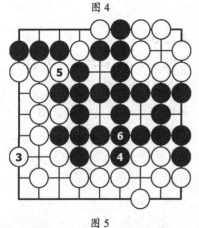

图 5

● 图 5

由于白棋找不到劫材了，下在 5 位单官的位置，黑棋下在 6 位避免继续打劫，下在 6 位叫"消劫"。

打劫需要判断大小

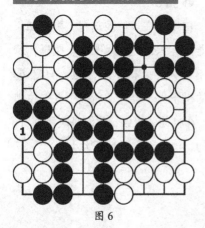

图 6

● 图 6

白棋在 1 位刚提掉了 1 颗黑棋，形成打劫。这个时候，黑棋要找劫材。

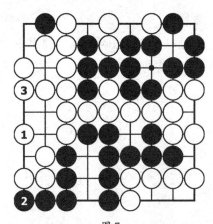

图 7

●图7

黑棋如果走在2位，白在3位消劫。黑2的劫材找得不好，没有得到相应价值的目，所以找劫材时，我们需要找到相应价值的劫材，才不会吃亏。

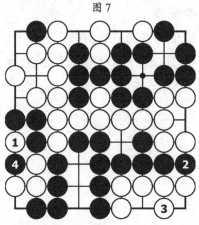

图 8

●图8

黑棋下在2位找劫材，准备在3位点杀掉右下角白棋。

白棋为了不让自己右下角被吃掉，所以在3位做2只眼。

黑4经过2和3的交换，就可以反提回来了。

●图9

白棋下在5位找劫材，黑棋如果跟着走，只能吃掉一颗 ▲ 白棋，价值不够大。黑棋不理白棋，自己 ◉ 位的棋子也不会死，所以下在6位消劫。在打劫的时候，我们每次找劫材、应劫、消劫都需要判断大小。

图 9

死活时候的打劫

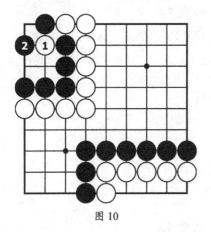

图 10

● 图 10

白棋从 1 位打吃，黑棋在 2 位反打形成打劫活。

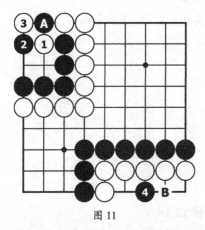

图 11

● 图 11

白 3 提掉黑棋，黑棋不能马上在 A 位反提，需要找劫材。

黑棋下在 4 位找劫材，准备在 B 位杀掉右下角白棋。白棋如果在 B 位应劫，那么黑棋就可以在 A 位提回来打劫。

如果，左上角白棋消劫，那么右下黑棋也可以得到相应的价值。

打劫其实就是两个虎口面对面挨在一起。

打二还一和打劫的区别

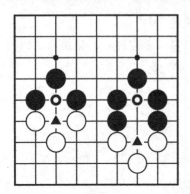

图 12

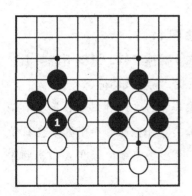

图 13

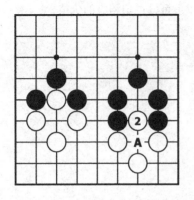

图 14

● 图 12
○是黑棋的虎口，▲是白棋的虎口。

● 图 13
左边是打劫，右边的叫打二换一。

● 图 14
　　因为黑棋提掉白棋 2 子后，白棋反提回去，A 位是禁入点，黑棋就没办法再提了，右边这个形状和打劫有点像，但不是打劫，不需要在别的地方走一步找劫材，它们虎口没挨在一起。

打劫练习题

1 请通过打劫的办法，形成可以吃掉 ⚫ 的形状。

①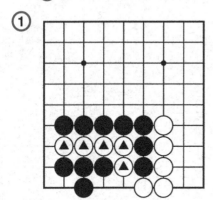

②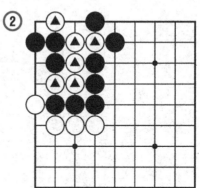

③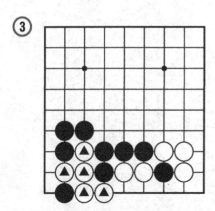

④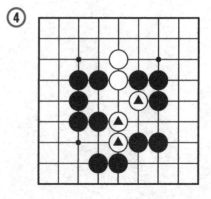

2 请通过打劫做活黑棋。

⑤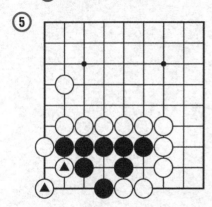

⑥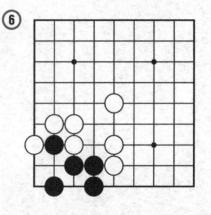

Lesson

20

第二十课

棋子的强弱

　　棋子的强弱是随着棋局的进行不断变化的。在对局时，要保护自己的弱棋，而进攻时则要以对方的弱棋为目标，这也是行棋的常用思路。

棋子的方向会影响强弱

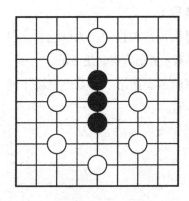

图 1

●**图1**

方向比较多的时候，一般对方没办法一下包围住我们，所以棋子的方向会影响强弱。

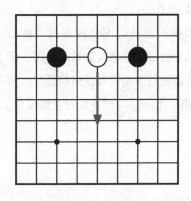

图 2

●**图2**

像这样的黑棋被包围住，基本没有出逃方向，就比较弱了。

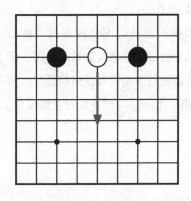

图 3

●**图3**

白棋被包围住，只有1个逃跑方向，如果想让白棋变强，就需要出头，让自己的棋在不被分开的前提下逃跑。

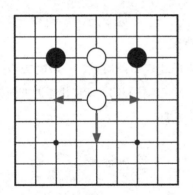

图 4

●图4

白棋跳出来后，会增加一些逃跑方向，使自己变强。反之，黑棋可以减少对方逃跑方向，使其变弱。

棋子的做眼空间会影响强弱

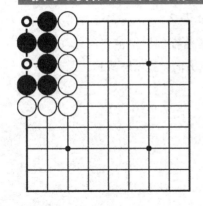

图 5

●图5

黑棋虽然被包围住无法逃出，但是黑棋有足够的真眼，是活棋。

影响强弱的第二个重点是棋子的做眼空间。

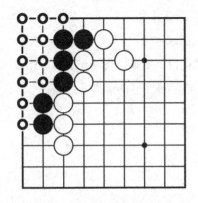

图 6

●图6

黑棋虽然被包围住没有出逃的方向，但是有〇位非常多的做眼空间，无论如何做两只眼是没有任何问题的。所以，做眼空间越多，棋子相对就越安全。

棋子的缺陷会影响强弱

棋子的缺陷一般是指有断点的地方或气少的地方。

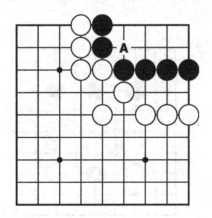

图 7

● **图 7**

黑棋虽然有一些做眼空间，但是棋形上有缺陷（断点）。

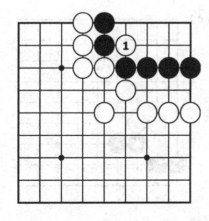

图 8

● **图 8**

白棋如果先切断上去，黑棋是没办法吃掉白 1 的，这样做眼空间会变少，棋也就变弱了。黑棋先走可以保护自己的断点，使自己的棋变强。

所以判断强弱，一般根据三点结合来进行：1. 棋子的方向；2. 棋子的做眼空间；3. 棋子是否有缺陷。

棋子的强弱练习题

1 黑先，通过增加 ⚫ 棋子的方向使黑棋变强，或减少 🔺 棋子的方向使白棋变弱。

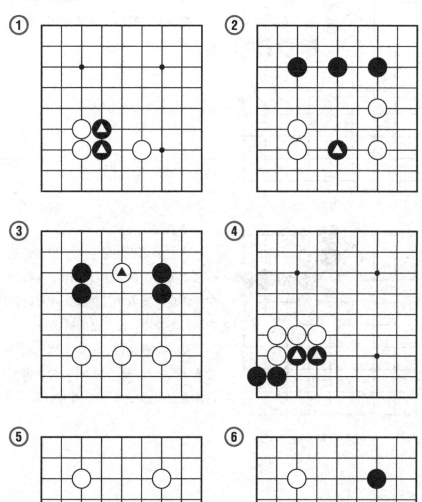

❷ 黑先，通过增加 🔺 棋子的做眼空间使黑棋变强，或减少 🔺 棋子的做眼空间使白棋变弱。

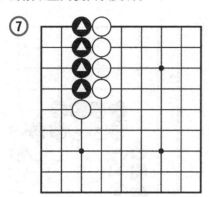

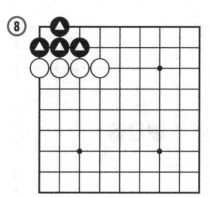

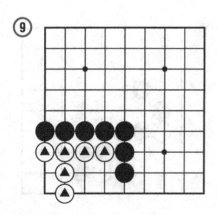

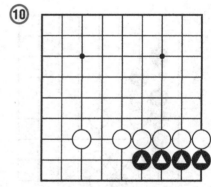

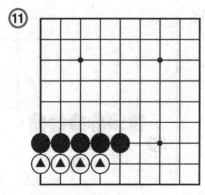

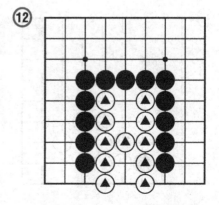

❸ 黑先，通过找到 ⬡ 棋子的缺陷使黑棋变强，或找到 ▲ 棋子的缺陷使白棋变弱。

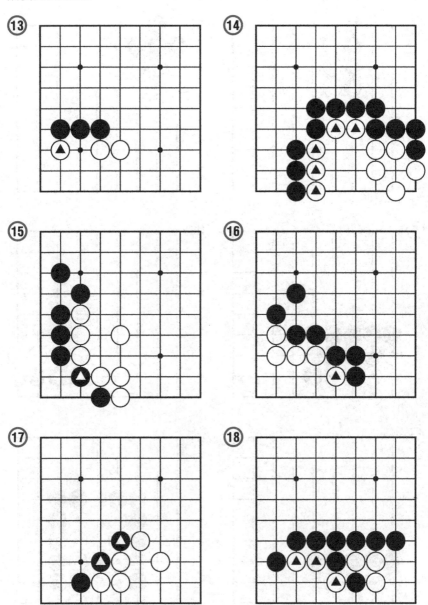

如何获取答案和配套视频课程

本书提供答案和视频，您可以按照以下步骤，获取并观看本书答案和配套视频课程。

步骤1

用微信扫描下方二维码。

步骤2

添加"阿育"为好友（图1），进入聊天界面并回复【62166】（图2），等待片刻。

步骤3

点击弹出的答案和视频链接，即可观看答案和视频（图3）。

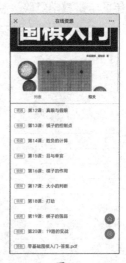

图1　　　　　　　　图2　　　　　　　　图3

作者简介

弈招围棋（原围棋 TV）

由职业棋手刘星、赵守洵、孟泰龄于 2013 年 8 月联合创办，旨在为广大围棋爱好者提供一个专业、高效的学习平台；拥有丰厚的棋手资源，包括众多世界冠军、一线活跃棋手、围棋培训机构名师，以及国际围棋文化交流学者等。围棋教学节目丰富多样，节目储备 3000 多小时，受到 200 多万围棋爱好者的支持，是广大围棋爱好者的良师益友。

夏知非

聂卫平围棋道场金牌讲师，师从古藤棋院围棋职业棋手朱阿逸，先后在古藤棋院、丹朱围棋、天弈围棋等知名培训机构从事幼儿围棋教育，具有近二十年的丰富教学经验。独立制作的围棋启蒙教学节目《20 天从零学会下围棋》《小围棋大人生》等深受广大初学者的喜爱。